Silben-Geschichten für Jungs
zum Lesenlernen

Silbe für Silbe zum Lese-Erfolg

Liebe Eltern,

Leseanfänger lesen langsam. Sie müssen jedes Wort Buchstabe für Buchstabe, Silbe für Silbe erlesen. Alle Wörter der Geschichten in diesem Band sind in farbigen Silben markiert. Diese kurzen Buchstabengruppen können Leseanfänger schneller erfassen als das ganze Wort.

Bei den markierten Silben handelt es sich um Sprechsilben. Das heißt, die Wörter sind so in Silben aufgeteilt, wie sie gesprochen werden. Die Sprechsilben entsprechen fast immer auch der möglichen Worttrennung, also den Schreibsilben.

Nur bei der Trennung einzelner Vokale gibt es einen Unterschied: Nach den aktuellen Rechtschreibregeln werden einzelne Vokale am Wortanfang oder -ende nicht abgetrennt. Beim Sprechen unterteilen wir solche Wörter jedoch in mehrere Silben, daher sind sie in diesem Band ebenfalls mit unterschiedlichen Farben markiert: Oma, Radio.

Ihnen und Ihrem Kind viel Spaß beim Lesen!

Die LESEMAUS ist eine eingetragene Marke des Carlsen Verlags.

Sonderausgabe im Sammelband | ISBN: 978-3-551-06634-3
© Carlsen Verlag GmbH, Postfach 50 03 80, 22703 Hamburg 2018
Dreihorn, der kleine Dinosaurier © Carlsen Verlag GmbH, Hamburg 2005
Achtung, Überfall auf die Ritterburg © Carlsen Verlag GmbH, Hamburg 2013
Kleine Wolke, großer Bär © Carlsen Verlag GmbH, Hamburg 2005
Illustration der Lesemaus: Hildegard Müller | Umschlagkonzeption: Karin Kröll
Umschlagillustration: Günther Jakobs | Vorsatzpapier: Astrid Vohwinkel
Lektorat: Steffi Korda, Büro für Kinder- & Jugendliteratur
Lithografie: Reprotechnik Ronald Fromme, Hamburg

Alle Bücher im Internet: www.lesemaus.de
Newsletter mit tollen Lesetipps kostenlos per E-Mail: www.carlsen.de

Inhalt

9   Dreihorn, der kleine Dinosaurier

35   Achtung, Überfall auf die Ritterburg

61   Kleine Wolke, großer Bär

86   Lesen lernen mit der Lesemaus

Dreihorn, der kleine Dinosaurier

Eine Geschichte von Imke Rudel
mit Bildern von Johann Brandstetter

Bei den Dinosauriern

Im Land der Dinosaurier geht
die Sonne auf.
Ihre Strahlen wärmen Dreihorn
und er wacht langsam auf.
Dreihorn ist ein junger Triceratops.
Das bedeutet Dreihorngesicht.
Dreihorn hat wirklich drei Hörner:
ein kleines über dem Schnabel
und zwei über den Augen.

Um den Hals trägt er eine Nackenkrause.
Sie ist ein guter Schutz vor Angriffen.
Mit seinen Eltern und Geschwistern
lebt Dreihorn in einer Herde.

Dreihorn ist ein Pflanzenfresser.
Mit seinem kräftigen Schnabel kann er auch die dicksten Blätter der Bäume abzwicken.
Wo Dreihorn lebt, wachsen Farnkraut und Palmen und Nadelbäume.

Auf der Suche nach Futter wandert
die Herde den ganzen Tag herum.
Ein Dinosaurier braucht viele Blätter,
um satt zu werden.
Am Abend erreicht die Herde einen Fluss.
Endlich! Dreihorn hat richtig Durst.

Am Fluss sind schon viele andere
Dinosaurier.
Als Dreihorn genug getrunken hat,
schaut er sich um.
Direkt neben seiner Herde steht
eine Gruppe von Edmontosauriern.
Sie gehören zu den Entenschnabel-
Dinosauriern.

Dreihorn hat keine Angst vor ihnen.
Sie sind auch Pflanzenfresser, so wie er.
Plötzlich hebt einer den Kopf und
macht ein sehr lautes Geräusch.
Es klingt wie eine Warnung.
Was hat er gewittert?

Leserätsel

Woher hat der Triceratops seinen Namen? Er hat

☐ drei Hörner.

☐ ein Horn.

☐ kein Horn.

Dreihorn frisst gerne

☐ Pommes mit Ketchup.

☐ andere Dinosaurier.

☐ Pflanzen.

Ein Edmontosaurus ist

☐ ein Fleischfresser.

☐ ein Pflanzenfresser.

☐ eine Ente.

Dreihorns Lieblingsessen ist durcheinandergeraten. Kannst du es ordnen?

P _____

N _____

F _____

Ein Dinosaurier greift an!

Jetzt heben alle Dinosaurier die Köpfe.
Sie schauen zu den großen Felsen hinüber.
Dreihorn reckt seinen Kopf,
aber er kann nichts erkennen.
Die großen Tiere aus seiner Herde
haben sich vor ihn gestellt!

Sie stehen eng nebeneinander und
bilden eine dichte Mauer.
Sie wollen Dreihorn schützen.
Dreihorn kann nichts sehen. Aber er spürt,
wie die Erde anfängt zu beben.
Da macht er sich ganz klein und schaut
zwischen den Beinen der anderen hindurch.

Nun kann Dreihorn etwas sehen:
Ein Tyrannosaurus Rex greift an!
Er hat sich hinter den Felsen versteckt
und dort auf sein Abendessen gelauert.
Jetzt kommt er angerannt.

Ein Tyrannosaurus ist viel größer
als ein Triceratops.
Er kommt Dreihorn riesig vor.
Aber die großen Dinosaurier seiner Herde
haben sich rechtzeitig aufgestellt.
Die langen Hörner eines Triceratops
können eine gefährliche Waffe sein.

Kurz bevor er die Herde erreicht,
hält der Tyrannosaurus an.
Einen jungen Triceratops kann er
heute nicht erbeuten.
Hungrig schaut er sich nach
einem anderen Opfer um.
Die Edmontosaurier sind inzwischen
in den Fluss gesprungen.

Sie sind schon fast am anderen Ufer.
Dort sind sie sicher.
Da sieht Dreihorn den Ankylosaurus.
Ganz allein steht er am Fluss und trinkt.
Auch der Tyrannosaurus hat ihn gesehen und läuft los.

Leserätsel

Was machen die Triceratops,
als der Tyrannosaurus die Herde angreift?

☐ Sie rennen ganz schnell weg.

☐ Die erwachsenen Dinosaurier
stellen sich vor Dreihorn auf,
um ihn zu beschützen.

☐ Sie machen sich klein und
tun so, als ob sie nicht da wären.

Hier sind vier Dinosauriernamen versteckt. Findest du sie?

Q	W	E	T	Y	R	A	N	N	O	S	A	U	R	U	S
R	T	Y	Z	U	I	P	A	S	D	F	G	H	J	K	L
Y	X	T	R	I	C	E	R	A	T	O	P	S	C	V	B
N	M	L	K	J	H	G	F	D	S	A	P	O	I	U	Z
T	E	D	M	O	N	T	O	S	A	U	R	U	S	R	E
W	Q	M	N	A	N	K	Y	L	O	S	A	U	R	U	S
B	V	C	C	X	Y	L	A	S	D	W	E	D	C	I	S
U	W	E	F	G	D	F	I	P	S	O	S	A	D	V	W

Volltreffer!
Der Ankylosaurus ist fast so groß
wie Dreihorns Eltern.
Aber er hat nur ganz kleine Hörner
auf dem Kopf und auf dem Rücken.
Dafür ist sein Körper mit dicken,
steifen Hautplatten bedeckt.
Diese Platten bilden einen richtigen
Panzer.

Und am Ende seines langen Schwanzes
hat er eine dicke Keule aus Knochen.
Er trinkt ruhig weiter.
Hört er den Tyrannosaurus gar nicht?
Dreihorn will ihn warnen.
Er versucht, ein lautes Geräusch
zu machen.
Endlich hebt der Ankylosaurus
den Kopf.

Es ist viel zu spät zum Weglaufen.
Der Tyrannosaurus hat ihn fast erreicht.
Der Ankylosaurus hat gerade noch Zeit,
mit seinem Schwanz auszuholen.
Wie eine Peitsche schlägt er ihn
auf das Bein des Angreifers.

Das war ein Volltreffer!
Humpelnd zieht sich der Tyrannosaurus
hinter die Felsen zurück.
Heute wird er niemanden mehr fressen.
Der Ankylosaurus ist gerettet.
Gut gemacht, Dreihorn!

Infoseite
Hier siehst du die Dinosaurier aus der Geschichte:

Triceratops
Er gehörte zu den Pflanzenfressern.
Ein erwachsener Triceratops
war größer als ein
Elefant.
Er konnte neun
Meter lang
werden!

Tyrannosaurus Rex
Sein Name bedeutet „Königliche Tyrannenechse".
Er war eines der größten Landraubtiere aller
Zeiten und hat sich von anderen Tieren ernährt.

Edmontosaurus

Der Edmontosaurus war auch ein Pflanzenfresser. Er wurde viel größer als ein Triceratops. Er hatte zwar keine scharfen Krallen oder Hörner, um sich zu verteidigen, aber dafür konnte er sehr schnell rennen.

Ankylosaurus

Der Ankylosaurus hatte fast am ganzen Körper Panzerplatten und trug eine dicke Keule an seinem Schwanz. Ankylosaurier waren ebenfalls Pflanzenfresser.

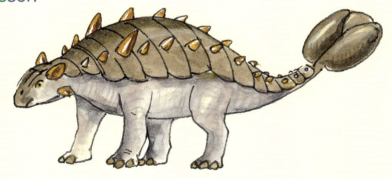

L**ö**sungen

S. 16/17:
Der Triceratops hat drei Hörner.
Dreihorn frisst gerne Pflanzen.
Ein Edmontosaurus ist ein Pflanzenfresser.
Dreihorns Lieblingsessen sind PALMEN, FARNKRAUT, NADELBÄUME.

S. 24/25:
Die erwachsenen Dinosaurier stellen sich vor Dreihorn auf, um ihn zu beschützen.

Q	W	E	T	Y	R	A	N	N	O	S	A	U	R	U	S
R	T	Y	Z	U	I	P	A	S	D	F	G	H	J	K	L
Y	X	T	R	I	C	E	R	A	T	O	P	S	C	V	B
N	M	L	K	J	H	G	F	D	S	A	P	O	I	U	Z
T	E	D	M	O	N	T	O	S	A	U	R	U	S	R	E
W	Q	M	N	A	N	K	Y	L	O	S	A	U	R	U	S
B	V	C	X	Y	L	A	S	D	W	E	D	C	I	S
U	W	E	F	G	D	F	I	P	S	O	S	A	D	V	W

32

Achtung, Überfall auf die Ritterburg!

Eine Geschichte von Ursel Scheffler
mit Bildern von Günther Jakobs

Die Ritter ziehen in den Kampf

„Seht doch! Da kommen sie!", ruft Ritter Richard von Rabeneck und deutet über die Burgmauer ins Tal hinunter.
Eine Reiterschar mit bunten Wimpeln und Bannern prescht heran.
Man hört Trommelwirbel und Fanfaren.

Richard schnallt seinen Harnisch fest und ruft: „Sitzt auf, Männer! Wir dürfen den Kaiser nicht warten lassen!"
Eine Schar bewaffneter Männer, darunter auch der Burgschmied und der Koch, reiten hinter Ritter Richard den Berg hinunter. Sie wollen sich dem Feldzug anschließen.
Ihre Frauen und Kinder winken ihnen lange nach.

Vom Tal aus blickt Ritter Richard noch einmal sorgenvoll zur Burg hinauf.
Er lässt Rabeneck ungern ohne männlichen Schutz zurück.
Auf seinen Sohn kann er nicht zählen.
Ulrich ist erst acht Jahre alt.
Ein kluger Junge, aber klein und schmal wie ein Hänfling.

Aber dann tröstet Ritter Richard sich:
Was soll schon passieren?
Die Burg ist von dicken Mauern umgeben
und die Tore sind sturmfest.
Wenn der Lehnsherr zum Kriegszug ruft,
darf man nicht zögern.
Richard gibt seinem Pferd die Sporen.

Marie, die schwangere Köchin, wischt sich mit der Küchenschürze die Tränen weg. Sie streicht über ihren Bauch und seufzt: „Wer weiß, ob das Kind seinen Vater jemals sehen wird?"
Burgherrin Agnes versucht, sie zu trösten, obwohl ihr selbst zum Heulen zumute ist. Jetzt ist sie für das Leben auf der Burg verantwortlich.

Agnes atmet tief durch und ruft ihren beiden Kindern zu: „Uli und Anna, verriegelt das Tor und legt den Balken vor!" Dann wendet sie sich an die anderen:

„An die Arbeit! Macht weiter wie immer! Marie wird uns bestimmt gleich etwas Wunderbares kochen!"

Agnes geht mit Anna in die Kemenate
im Haupthaus, dem Palas. Dort sind
die Mädchen fleißig bei der Arbeit.
Sie spinnen, weben, malen und sticken.
„Ich brauche eure Hilfe", sagt Agnes ernst.
„Wir haben keine Wachsoldaten mehr.
Daher müssen immer zwei von euch die
Nachtwache auf dem Turm übernehmen!"

„Das machen wir gern", versichern die Mädchen.
„Dafür dürft ihr tagsüber faulenzen!", verspricht Agnes und lacht.
„Es ist warm. Ihr könnt oben auf dem Turm schlafen. Und meldet mir jedes verdächtige Geräusch!"
„Das klingt nach Abenteuer!", ruft Anna begeistert. „Ich will auch Nachtwache machen!"
„Du darfst bei mir schlafen, solange Papa fort ist", antwortet ihre Mutter.

Leserätsel

Was gibt Ritter Richard seinem Pferd?

STE	Er gibt ihm Hafer.
MIT	Er gibt ihm die Sporen.
ROM	Er gibt ihm Ohren.
VOR	Er gibt ihm Saures.

Was machen die Mädchen in der Kemenate?

ANT	Sie kämmen sich.
EIN	Sie machen Unsinn.
TEL	Sie spinnen.
STI	Sie singen.

Was schieben Uli und Anna vor das Burgtor?

- AT — einen Bollerwagen
- AL — einen Balken
- ZE — drei Schweine
- BE — einen Backofen

Auf der Burg hört man ...

- ZER — Autos hupen.
- UNG — Ritter pupen.
- TER — Fanfaren tuten.
- NIS — Pferde husten.

Die Buchstaben neben den richtigen Antworten verraten dir, in welcher Zeit diese Geschichte spielt: im __ __ __ __ __ __ __ __ __ __

Überfall auf die Ritterburg

Als der Mond über dem Rabenwald aufgeht, treten drei finstere Gestalten aus dem Schatten der Bäume.
Es sind Spione des einäugigen Sven, des Anführers einer wilden Räuberbande.
„Sie sind weg!", zischt der erste Räuber. „Kein einziger Mann mehr auf der Burg!"
„Dann wird Svens Plan klappen", sagt der zweite. „Wir klettern über die Mauer und rauben, was wir kriegen können."

„Und ein paar hübsche Mädchen dazu",
lacht der dritte. „Rache ist süß!
Schließlich hat Sven beim Kampf
mit Ritter Richard sein Auge verloren!"
„Ja!", schnaubt der erste Räuber. „Das
zahlen wir diesem Ritterpack heim!"
Die drei Räuber verschwinden im Wald
und machen sich auf den Weg zur Schlucht,
wo die Bande ihren Schlupfwinkel hat.

Es ist eine warme Sommernacht.
Uli liegt auf einer Decke unter der Linde
im Burghof. Er sieht in den Sternenhimmel
und träumt davon, selbst ein Ritter zu sein.
Tapfer, stark und mutig. Aber da muss er
wohl noch ein ganzes Stück wachsen.
„Kannst du auch nicht schlafen, Uli?",
fragt seine Schwester Anna, die mit ihrem
Hund Lanzelot die Treppe vom Palas
herunterkommt. „Lanzelot jault dauernd.
Vielleicht will er uns warnen?"

Jetzt verdunkelt eine Wolke den Mond.
Man hört den Ruf eines Käuzchens.
„Ich werde mal nach den Wächtermädchen
sehen", sagt Uli. „Vielleicht fürchten sie
sich allein da oben!"
Er steht auf und geht zur Turmtreppe.
„Du bist jetzt der einzige Mann auf
der Burg", sagt Anna.
„Ich weiß", nickt Uli. „Und das raubt mir
den Schlaf."

„Ich habe Schatten gesehen",
flüstert ein Mädchen und deutet
zum Rabenwald hinüber.
„Das sind Räuber!", wispert Uli.
„Die denken bestimmt, wir sind wehrlos",
seufzt das Mädchen.
„Das sind wir nicht!", sagt Uli entschlossen.
„Anna, weck Mama und die anderen!
Beeil dich! Ich habe einen Plan!"

Als die Burgbewohnerinnen auf dem Hof versammelt sind, erteilt Uli leise Befehle. „Holt die Strohpuppen vom letzten Turnier! Bringt Fackeln und Töpfe in den Rittersaal! Schafft heißes Wasser und Gülle herbei! Die Räuber werden versuchen, an der niedrigsten Mauerstelle einzudringen! Dort werden wir sie erwarten!"
Agnes und Anna holen die Strohritter und stellen sie in die Fenster des Rittersaals. Die Frau des Schmieds schleppt Fackeln herbei. Die Köchin schiebt den großen Wasserkessel über das Herdfeuer.

Die Räuber versuchen, mit Leitern die Mauer
zu erklimmen, wie Uli vermutet hat.
Sie bekommen einen heißen Empfang!
Kochendes Wasser und stinkende Gülle
werden über ihren Köpfen ausgeschüttet.
Plötzlich ist der Rittersaal hell erleuchtet.
Männer mit klirrenden Waffen stehen
in den Fenstern! Die Räuber können nicht
ahnen, dass es nur Strohmänner sind und
der Lärm von aneinandergeschlagenen
Töpfen kommt.

„Ihr Idioten! Die Burg wird von bewaffneten Männern geschützt!", faucht der einäugige Sven seine Leute an. „Nichts wie weg!" Fluchend wischt er das stinkende Begrüßungsgeschenk von der Stirn, das Anna aus einem Nachttopf über ihm ausgekippt hat.
Hastig ergreifen die Räuber die Flucht.
„Gut gemacht, meine kleinen Ritter!", sagt Agnes, als die Gefahr vorüber ist. Sie nimmt ihre Kinder in den Arm.
„Papa wird stolz auf euch sein."

Leserätsel

Was kippen die Burgbewohner über die Mauer?

- T grüne Äpfel und Birnen
- N heißes Wasser und Gülle
- V faules Obst und Gemüse
- H Fleißige Lieschen und Radieschen

Wie heißt Annas Hund?

- U Butterbrot
- A Lanzelot
- E Mausetot
- O Weizenschrot

Was stellt Agnes in die Fenster des Rittersaales?

- T Klomänner
- M Geranien
- P Strohmänner
- S Kastanien

Wo schlafen die Wächtermädchen?

- E vor dem Burgtor
- P auf dem Turm
- L auf der Mauer
- F im Pferdestall

Die Buchstaben neben den richtigen Antworten verraten dir, wie ein Junge heißt, der zum Ritter ausgebildet wird:

K _ _ _ _ E

Lösungen

S. 44/45:
Ritter Richard gibt seinem Pferd die Sporen.
Die Mädchen in der Kemenate spinnen.
Uli und Anna schieben einen Balken vor das Burgtor.
Auf der Burg hört man Fanfaren tuten.
Die Geschichte spielt im MITTELALTER.

S. 54/55:
Die Burgbewohner kippen heißes Wasser und Gülle über die Mauer.
Annas Hund heißt Lanzelot.
Agnes stellt Strohmänner in die Fenster des Rittersaales.
Die Wächtermädchen schlafen auf dem Turm.
Ein Junge, der zum Ritter ausgebildet wird, heißt KNAPPE.

Kleine Wolke, großer Bär

Eine Geschichte von Julia Boehme
mit Bildern von Astrid Vohwinkel

Trapper im Wald!

„Was für ein blöder Name!", denkt Kleine Wolke. Wie kann man nur Kleine Wolke heißen?

Und dann noch als Sohn vom Häuptling. Wie konnte Papa das überhaupt zulassen? Kleine Wolke hütet die Ponys und dabei hat er Zeit nachzudenken.

„Wenn ich wenigstens Große Wolke heißen würde", seufzt er.

Große Wolken können ein Gewitter mit Blitz und Donner bringen. Das wäre immerhin ein bisschen gefährlich.

Aber Kleine Wolke? Kleine Wolken bringen höchstens einen Nieselregen …
Als Kleine Wolke abgelöst wird, läuft er gleich nach Hause. Sein Vater sitzt vor dem Tipi und raucht Pfeife. Kleine Wolke setzt sich zu ihm.
„Kann ich nicht endlich einen anderen Namen bekommen?", fragt er.
Aber sein Vater, der Häuptling, schweigt und zieht an seiner langen Pfeife.

Am nächsten Morgen bei Sonnenaufgang
ist Kleine Wolke sofort wach.
Heute früh muss er wieder die Ponys hüten.
Am Nachmittag aber hat er frei.
Da will er in den Wald. Kleine Wolke
liebt es, alleine im Wald herumzustreifen.
Dabei beobachtet er die Tiere:
Kaninchen, Waschbären, Luchse, Biber
oder die großen Wapitihirsche.

Am liebsten schaut er aber nach den
Grizzlybären. Dieses Jahr hat eine
Bärin gleich zwei Junge bekommen.
Fast jeden Tag schleicht sich
Kleine Wolke zur Wiese am Bach.
Dort, wo die Bärenmutter ihre Höhle hat.
Auch heute pirscht er sich leise an die
Lichtung heran.
Genau wie er es von seinem Vater gelernt
hat: lautlos und immer gegen den Wind,
damit die Bärenmutter ihn nicht wittern kann.

Doch diesmal ist er nicht allein.
Es schleicht noch jemand im Wald herum.
Immer wieder hört Kleine Wolke lautes Knacken und Knistern.
Das können keine Indianer sein, die da durch den Wald laufen!
Und richtig: Kleine Wolke entdeckt zwei Bleichgesichter mit einem Gewehr.
Es sind Trapper. Das sieht man sofort.

Großvater hat viel von ihnen erzählt:
Sie stellen Fallen und jagen Tiere.
Viel zu viele Tiere. Denn sie jagen nicht,
weil sie Hunger haben, sondern um die
Felle in der Stadt zu verkaufen.
„Worauf haben sie es wohl abgesehen?",
überlegt Kleine Wolke. „Auf Waschbären
vielleicht?"
Er schleicht sich etwas näher an die
beiden Trapper heran, um sie zu
belauschen. Ganz vorsichtig, damit sie
ihn nicht bemerken.

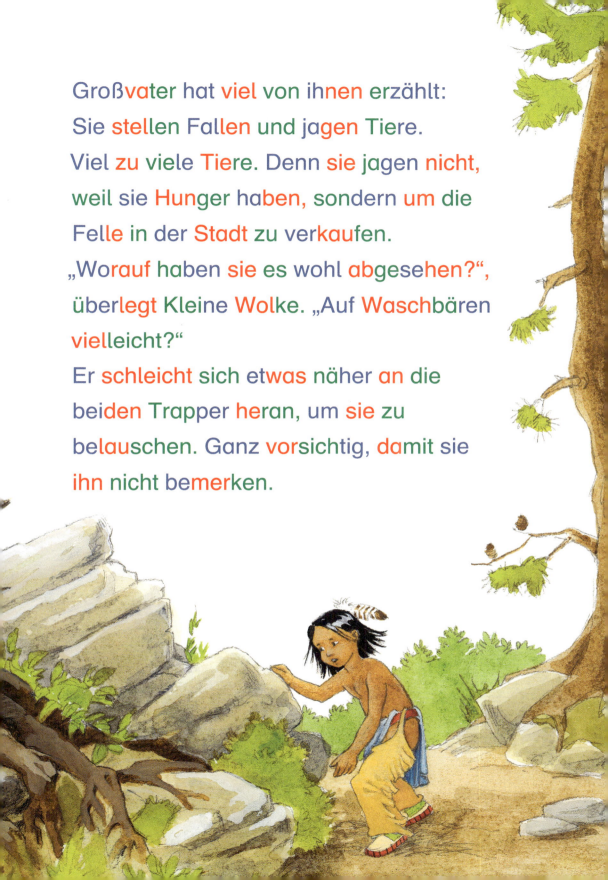

„Die Felle der Jungen sind zwar klein, aber ganz weich", sagt der eine. „Ja", lacht der andere. „Sicher werden wir einen guten Preis für sie bekommen. Für Bärenfelle zahlt man in der Stadt eine ganze Menge!"
„Bärenfelle?", denkt Kleine Wolke erschrocken. „Die beiden wollen doch nicht die Bärenjungen schießen!"
Kleine Wolke rennt schnell zur Bärenhöhle. Hoffentlich sind die Bären heute nicht zu Hause!

Doch die beiden kleinen Grizzlys spielen auf der Wiese vor der Höhle. Wie immer tollen sie herum und kugeln sich im Gras. Und die Bärin?

Kleine Wolke schaut sich um: Wo steckt sie bloß?

Die Bärenmutter watet im nahen Bach und fängt Fische. Sie hat keine Ahnung, was hier im Wald vorgeht. Sie hat nur ihre Lachse im Sinn. Kann sie denn nicht besser auf ihre Jungen aufpassen!

Kleine Wolke lauscht. Er hört die Trapper schon kommen. Was soll er nur machen?

Leserätsel

Wie heißt der Indianerjunge?
Schreibe alle Namen auf und kreuze
den richtigen an.

Weiße   _ _ _ _ _

Kleine   _ _ _ _ _

Große   _ _ _ _ _

Kleiner   _ _ _ _ _

Kleine   W o l k e

Sein Vater ist ...

☐ der Feigling.

☒ der Häuptling.

☐ der Bückling.

☐ der Hauptmann.

Verbinde die Bilder mit den passenden Begriffen.

Angriff der Bärenmama

„Da sind ja die Kleinen. Los, lad deine Büchse!", hört Kleine Wolke den einen Mann sagen.
Kleine Wolke schnappt nach Luft.
Er hat keine Zeit zu verlieren.
Er muss etwas tun – und zwar sofort.
Kurz entschlossen stürmt er los.
Runter zum Bach! Diesmal rennt er mit dem Wind. Und beim Laufen stampft er so laut auf, wie er kann. Denn jetzt soll ihn die Bärin hören und wittern.

Und wirklich: Überrascht hebt
die Bärin ihren Kopf.
Kleine Wolke ist schon beim Bach.
Er nimmt einen großen Stein und wirft ihn
im hohen Bogen ins Wasser. Platsch!
Dem Grizzly direkt vor die Nase.
Das lässt sich keine Bärin gefallen!
Mit einem gewaltigen Satz springt sie los.
Kleine Wolke rast auf das große Gebüsch
zu, hinter dem sich die beiden Trapper
verstecken. Und die Bärin jagt
hinter ihm her!

„Hilfe! Die Bärin kommt!",
brüllt schon der eine Trapper.
„Los, schieß!"
Der andere zielt auf die Bärin.
Doch er hat nicht mit dem
Indianerjungen gerechnet.
Im Vorbeirennen tritt Kleine Wolke
gegen das Gewehr.
Der Schuss kracht in die Luft.
Zum Nachladen ist keine Zeit.
Die beiden Männer fliehen
Hals über Kopf.

Kleine Wolke aber klettert blitzschnell
auf einen Baum. Puh! Gerettet!
Von hier oben sieht er, wie die Trapper
um ihr Leben rennen. Die Bärin ist ihnen
dicht auf den Fersen. Die beiden Trapper
laufen direkt auf einen Abhang zu.
Aber genau das ist ihre Rettung! In ihrer Not
springen sie vom Felsvorsprung und kullern
den Abhang hinunter. Da kann die Bärin
nicht hinterher. Wütend bäumt sie sich auf
und brüllt gefährlich.

Die Trapper kommen mit ein paar blauen Flecken davon. Aber so schnell werden sie sich nicht mehr in diesen Wald trauen. Da ist sich Kleine Wolke sicher.
Die Bärin trottet durch den Wald zurück. Doch plötzlich stutzt sie. Sie hat etwas gewittert. Kleine Wolke hält den Atem an, als die Bärin zu seinem Baum trabt.
Die Grizzlybärin richtet sich zu ihrer vollen Größe auf. Kleine Wolke schluckt. Sie ist viel größer als der größte Krieger! Und dann diese riesigen Pranken!
Und erst die Zähne!
Die Bärin schaut ihm direkt in die Augen. Kleine Wolke streift seine Schuhe ab.
„Mach, dass du wegkommst!", ruft er.
Und er ist kurz davor, ihr seine Mokassins auf die Nase zu werfen.

Da hebt die Bärin ihre Tatze. Gar nicht drohend, sondern eher so, als ob sie ihm zuwinken würde. Dann dreht sie sich um und läuft eilig zu ihren Jungen.

Später am Lagerfeuer erzählt Kleine Wolke sein Abenteuer. Alle Indianer hören gespannt zu.
Als Kleine Wolke fertig ist, zieht sein Vater, der Häuptling, nachdenklich an seiner Pfeife.

„Du sollst einen neuen Namen bekommen",
sagt er dann.
„O ja!", jubelt Kleine Wolke. „Welchen denn?"
„Flinker Bär", sagt sein Vater bedächtig.
Flinker Bär strahlt. Seinen neuen Namen
will er nicht mehr eintauschen.
Nie im Leben!

Leserätsel

Wie lautet der neue Name von Kleine Wolke? __ __ __ __ __ __ __ __   __ __ __

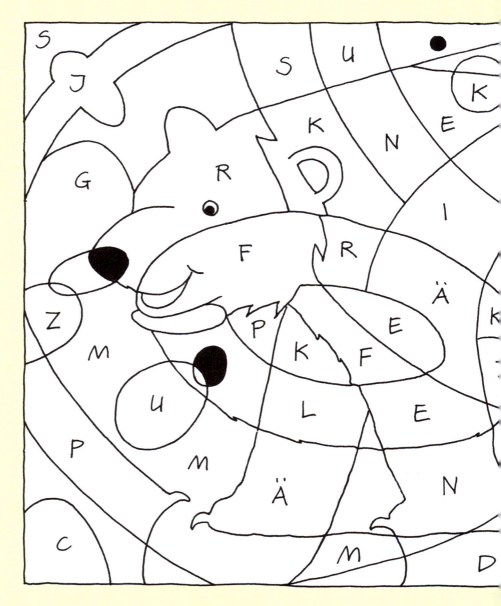

Male alle Felder aus, in denen
ein Buchstabe des neuen Namens steht.
Was siehst du?

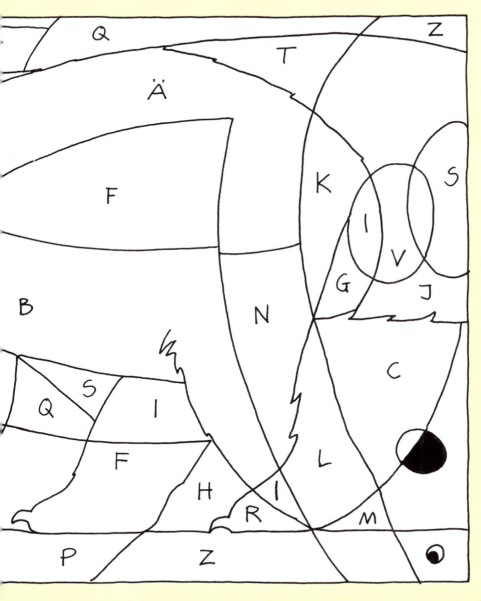

Infoseite
In dieser Landschaft und mit diesen Tieren lebt Flinker Bär mit seinem Stamm.

Adler

Bisons

Wolf

Präriehunde

Präriehühner

Lösungen

S. 70/71:
Der Indianerjunge heißt Kleine Wolke.
Sein Vater ist der Häuptling.
Schuhe – Mokassins
Bär – Grizzly
Zelt – Tipi
Fallensteller – Trapper
Gewehr – Büchse
Pferd – Pony

S. 80/81:
Der neue Name von Kleine Wolke lautet FLINKER BÄR.
Wenn du alle Felder richtig ausgemalt hast, siehst du den Bären.

Lesen lernen mit der Lesemaus

Liebe Eltern,

alle Kinder wollen Lesen lernen. Sie sind von Natur aus wissbegierig. Diese Neugierde Ihres Kindes können Sie nutzen und das Lesenlernen frühzeitig fördern. Denn Lesen ist die Basiskompetenz für alles weitere Lernen. Aber Lesenlernen ist nicht immer einfach. Es ist wie mit dem Fahrradfahren: Man lernt es nur durch Üben – also durch Lesen.

Lesespaß mit Lesepass

Je regelmäßiger Ihr Kind übt, desto schneller und besser wird es das Lesen beherrschen. Eine schöne Motivation kann unser 10-Minuten-Lesepass sein. Das Trainingsprogramm mit Sammelpunkten erfordert nur kurze Leseeinheiten von 10 Minuten. Das Sammeln macht Kindern Spaß und motiviert sie von Anfang an. Den Lesepass finden Sie kostenlos zum Download unter **carlsen.de/lesepass**.

Wie können Sie Ihr Kind beim Lesenlernen unterstützen?

Je positiver Kinder das Lesen erleben, desto motivierter sind sie, es selbst zu lernen. Versuchen Sie, Ihrem Kind ein Vorbild zu sein. Zeigen Sie Ihrem Kind, dass Lesen und Schreiben zum Alltag gehören. Etablieren Sie gemeinsame Leserituale. So erfährt Ihr Kind: Lesen macht Spaß!

Lesen Sie Ihrem Kind mindestens bis zum Ende der Grundschulzeit vor. Auch wenn Ihr Kind zunehmend eigenständig liest, bleibt das Vorlesen ein schönes und sinnvolles Ritual.

Lesen lernen mit der Lesemaus

Jedes Kind lernt unterschiedlich schnell lesen. Orientieren Sie sich bei der Auswahl von Erstlesebüchern daher an den Interessen und Lesefähigkeiten Ihres Kindes. Die Geschichten sollen Ihr Kind fordern, aber nicht überfordern. Die Lesemaus zum Lesenlernen bietet spannende und leicht verständliche Geschichten für Leseanfänger. Altersgerechte Illustrationen helfen, das Gelesene zu verstehen.

Mit lustigen Leserätseln können die Kinder ihre Lernerfolge spielerisch selbst überprüfen. Außerdem gibt es in jedem Band interessante Sachinfos für Jungen und Mädchen.

Ihnen und Ihrem Kind viel Spaß beim Lesen!

Lesen lernen in kleinen Schritten

Der Leselern-Prozess vollzieht sich über längere Zeit und in mehreren Schritten. Genauso differenziert wie dieser Prozess sind die Erstlesebücher mit der Lesemaus. Umfang, Wortschatz, Schriftgröße, Text-Bild-Verhältnis der Geschichten und das Niveau der Leserätsel sind optimal auf die verschiedenen Phasen des Lesenlernens abgestimmt:

Bild-Wörter-Geschichten – mit Bildern lesen lernen

- Erste Geschichten mit Bildern statt Wörtern für Leseanfänger
- Große Fibelschrift
- Wenig Text, viele farbige Bilder
- Auch ideal zum gemeinsamen Lesen: Das Kind ergänzt das Wort, wenn ein Bild kommt.

Geschichten im Dialog – zu zweit lesen lernen

- Kleine Geschichten zum Vor- und Selberlesen
- Lesen im Dialog – das Erfolgskonzept zum Lesenlernen
- Eltern lesen die linke, Kinder die rechte Seite
- Große Fibelschrift, hoher Bildanteil

Geschichten zum Selberlesen – Lesekompetenz üben und festigen

- Einfache Geschichten für Erstleser, die schon längere Texte lesen können
- Klare Textgliederung in Sinnabschnitte
- Viele farbige Bilder zur Veranschaulichung
- Leserätsel zum Textverständnis

Extra Lesetraining – vertiefende Methoden zum Lesenlernen

- Spannende Geschichten für Leseanfänger
- Bewährte didaktische Konzepte
- Einfache Sätze, klare Gliederung
- Leserätsel zur Erfolgskontrolle

Silbenmethode

Vereinfachte Ausgangsschrift

Noch mehr Sammelb

Erste Geschichten zum Lesenlernen
ISBN 978-3-551-06616-9

Schreibschrift-Geschichten zum Lesenlernen
ISBN 978-3-551-06622-0

Starke Pferde-Geschichten zum Lesenlernen
ISBN 978-3-551-06637-4

Mehr Bücher und Leselern-Extras auf www.lesemaus.de!

de zum Lesenlernen

Starke Fußball-Geschichten zum Lesenlernen
ISBN 978-3-551-06636-7

Lustige Schulgeschichten zum Lesenlernen
ISBN 978-3-551-06633-6

Neue Silben-Geschichten zum Lesenlernen
ISBN 978-3-551-06618-3

3 Bände in 1 nur € 5,–

www.carlsen.de

Lesenlernen mit Sp

Lesenlernen mit Spaß

* für Lese-
  anfänger
  ab 6 Jahren
* kurze, einfache
  Sätze
* hoher Bildanteil
* große
  Fibelschrift

Theos größter Traum ist ein eigenes Haustier. Doch seine Eltern sind davon wenig begeistert. So macht Theo sich allein auf die Suche.

...ß und tollen Tieren!

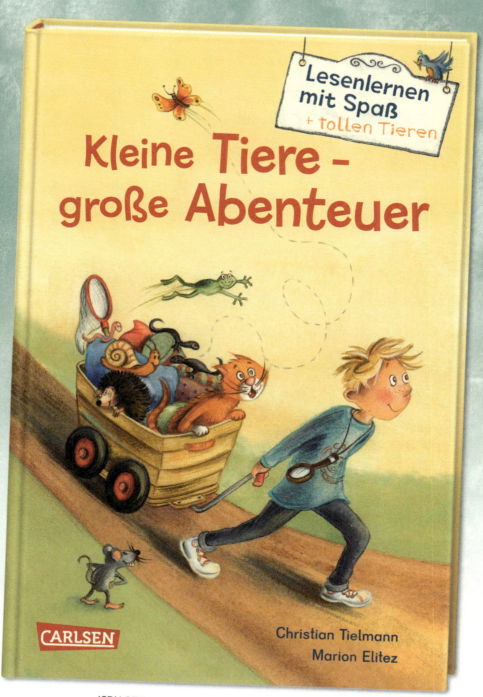

ISBN 978-3-551-06850-7 | € 7,99 (D) / € 8,30 (A)